Die Reise nach Bethlehem

Bilder von Yutaka Sugita · Text von Arnim Diel

Peters-Bilderbuch

Vor langer Zeit lebten im fernen Morgenland drei berühmte Sterndeuter.
Ihre Namen waren: Kaspar, Melchior und Balthasar.

Eines nachts, als die Drei Weisen wieder einmal zusammenkamen, entdeckten sie am Himmel einen neuen ungewöhnlichen Stern.

Der Stern war heller und größer als alle anderen, und die
Drei Weisen glaubten, daß er ihnen eine Botschaft verkünden wolle.

War es die Botschaft von der Geburt des Heiligen Kindes,
die vom Propheten vorausgesagt wurde?

„Wir wollen das Heilige Kind suchen, ihm huldigen und Geschenke bringen", beschlossen die drei, sattelten ihre Kamele und begaben sich auf die Reise.

Sie ritten zum Stadttor hinaus und folgten dem Stern,
der sie nach Westen führte.

Eine Katze, die ebenfalls die Botschaft des neuen Sternes vernommen hatte, schloß sich den Drei Weisen an.

Es wurde eine lange und mühsame Reise und die Nacht wollte kein Ende nehmen.

Endlich dämmerte der Morgen, und nach einigen Stunden erreichte die Karawane eine Oase.

Auch ein Esel, vom Licht des neuen Sternes angezogen,
war auf dem Weg nach Westen.

Gegen Abend setzten die fünf ihre Reise gemeinsam fort.
Das Licht des Sternes wies ihnen den Weg.

Viele Tage und Nächte waren vergangen. Müde geworden, ermunterten sich die Katze und der Esel gegenseitig nicht aufzugeben.

Da kam ein großer bunter Vogel geflogen.
„Folgt mir!" sagte er „und ihr werdet Wunderbares erleben."

Der Vogel flog ihnen voran und sie erreichten eine Stadt, die man Bethlehem nannte.

Es waren nur wenige Häuser, die im geheimnisvollen Licht des neuen Sternes vor ihnen lagen.

Heller und strahlender als je zuvor wurde nun der Stern.
Er stand still über einem Stall am Rande der Stadt.

Hier, in diesem Stall wurde das Heilige Kind geboren.
Es wird dereinst der König aller Könige sein.

Die Drei Weisen, die Katze, der Esel und der Vogel betraten den Stall.
Sie sahen das Kind in der Krippe und Maria und Josef.

Die drei Männer knieten nieder, beteten und übergaben voll Andacht ihre Geschenke.
Die Prophezeiung hatte sich erfüllt: Jesus Christus war geboren.

Am nächsten Tag traten die Drei Weisen alleine die Heimreise an.
Sie wollten der Stimme gehorchen, die ihnen aufgetragen hatte:

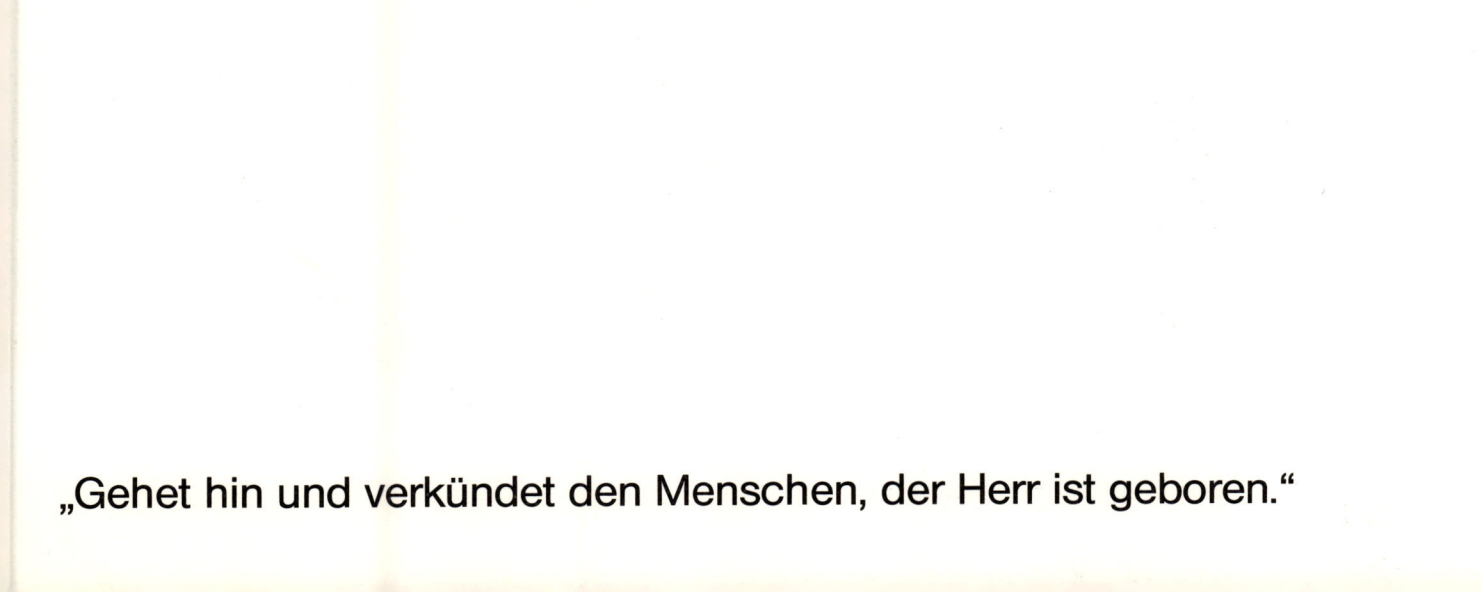

„Gehet hin und verkündet den Menschen, der Herr ist geboren."

Yutaka Sugita wurde 1930 geboren. Der weltbekannte japanische Künstler
gilt als einer der bedeutendsten Bilderbuch-Illustratoren.
Er ist Professor an der Tsukuba Universität Tokyo.
Seine Bilderbücher erfreuen sich in vielen Ländern großer
Beliebtheit. Er erhielt zahlreiche Auszeichnungen, unter anderem
den Preis der Unesco für das beste Plakat zum Jahr des Kindes.

Von Yutaka Sugita gibt es
außerdem folgende Peters-Bilderbücher:
„Wo ist meine Mami"
„Der kleine Tom"
„Guten Morgen, liebe Sonne"
„Ein Weihnachtsmärchen"
„Das Nilpferd Anti Lo Pé"
„Der Jakob"
„Jakob und Laura"
„Pummi und die blauen Kiesel"

© 1983 by Dr. Hans Peters Verlag · Hanau · Salzburg · Bern
  für die deutsche Ausgabe

© by Shiko-Sha Co., Ltd., Tokyo, für die Illustrationen
© by Takeshi Sakuma for the original Japanese text.

Alle Rechte dieser Ausgabe beim Dr. Hans Peters Verlag, Hanau
Originalausgabe herausgegeben von Shiko-sha Co., Ltd., Tokyo
Satz: Typo-Studio Fotosatz GmbH, Großkrotzenburg
Printed in Japan